한국경제신문

작가 소개

글/그림 메밀

서울대학교 전기공학부를 졸업하고 웹툰콘텐츠 제작 회사 '워니프레임'에서 만화를 그리고 있습니다. 작품으로는 네이버 브랜드 웹툰 〈아고믹 라이프〉, 〈섬나라 메생이국〉이 있습니다. 그 외 작품은 '이유령블로그', 또는 페이스북/카카오플친에서 〈어썸데이툰〉을 통해 만나보실 수 있습니다. 《마법코딩》 재밌게 봐주세요! 또 만나요!

기획 워니(박종원)

웹툰콘텐츠 제작 회사 '워니프레임'에서 대표 작가로 활동하고 있습니다. 주요 작품으로 〈골방환상곡〉, 〈신비한 웹툰서프라이즈〉등을 작업했으며 〈골방환상곡〉으로 대한민국 만화 대상 우수상 수상 경력도 있습니다.

copyright ⓒ 2018, 박종원
이 책은 한국경제신문 한경BP가 발행한 것으로 본사의 허락 없이 이 책의 일부 또는 전체를 복사하거나 전재하는 행위를 금합니다.

 ## 머리말

스크래치 세계에 사는 요정들과 함께 코딩의 기본 원리를 배워요.

4차 산업혁명의 흐름에 맞추어 우리나라도 '코딩' 교육과정을 실시합니다. 2019년부터 초등학교 교실에서도 코딩수업이 시작됩니다. 처음 코딩을 접하는 초등학생들에게 흥미를 돋게 해줄 부교재가 여기 있습니다. 이 책은 코딩 프로그램 * 스크래치 속 각종 기능 언어들을 의인화하여 캐릭터로 표현했습니다. 10가지 기능을 각각 '요정' 캐릭터로 각색하고 이를 찾아 나서는 주인공 제로(10가지 요정 중 하나)의 탐험으로 이야기가 전개됩니다. 10가지 요정들은 스크래치 세계 안에 살며 인간이 지정하는 명령을 수행, 코딩을 완성하는 일을 하고 살았습니다. 그러나 나쁜 해커의 공격에 그 모습이 바뀌어 세상의 곳곳으로 숨겨졌습니다. 주인공 제로가 곳곳에 숨겨진 요정을 찾는 순서는 사실 스크래치를 실행하여 블록코딩을 하는 순서와 같습니다. '이벤트'는 모든 프로그래밍의 바탕이 되며 다른 블록들과 함께 하나의 코딩을 갈음하는 기능입니다. 주인공 제로가 처음으로 만나는 요정이 이벤트 요정인 것도 이를 설명하기 위함입니다.
이렇듯 독자들은 만화의 스토리를 따라가며 스크래치의 작동원리를 깨닫습니다. 초등학생들이 처음 프로그래밍에 입문할 때 흥미롭게 접근하는 데 큰 도움이 될 것입니다. 귀여운 캐릭터들이 펼치는 신나는 이야기와 함께 코딩을 배워보세요.

'스크래치' 란?

스크래치(Scratch)는 매사추세츠 공과 대학(MIT)의 평생 유치원 그룹이 개발한 무료 교육용 프로그래밍 언어로, 등록된 이용자가 1,800만 명 이상이며, 웹 사이트에 공유된 프로젝트가 2,200만 개에 이릅니다. 만 8세 ~ 16세 사이의 아이들을 대상으로 하며 고등학교 3학년까지 권장하는 프로그램입니다. 미 정부도 교육 부교재로 사용할 것을 권장하고 있으며, 한국의 교사/학부모들도 이를 활용하여 어린이들에게 코딩을 가르치고 있습니다.

목차

머리말 ⋯ 3

캐릭터 소개 ⋯ 5

Chapter 01   고양이 모니의 정체 ⋯ 6
Chapter 02   제어를 찾아라 ⋯ 19
Chapter 03   형태를 찾아라 ⋯ 37
Chapter 04   소리를 찾아라 ⋯ 55
Chapter 05   데이터, 감지, 연산을 찾아라 ⋯ 68
Chapter 06   추가 블록을 찾아라 ⋯ 83
Chapter 07   펜을 찾아라 ⋯ 102
Chapter 08   다시 스크래치 세계로 ⋯ 123

부록 : 예제를 통해 스크래치 세계 알아보기 ⋯ 136

캐릭터 소개

SCRATCH 세계에서 온 요정들과 인간 소녀 하나의 모험기!

CHAPTER 01.
고양이 모니의 정체

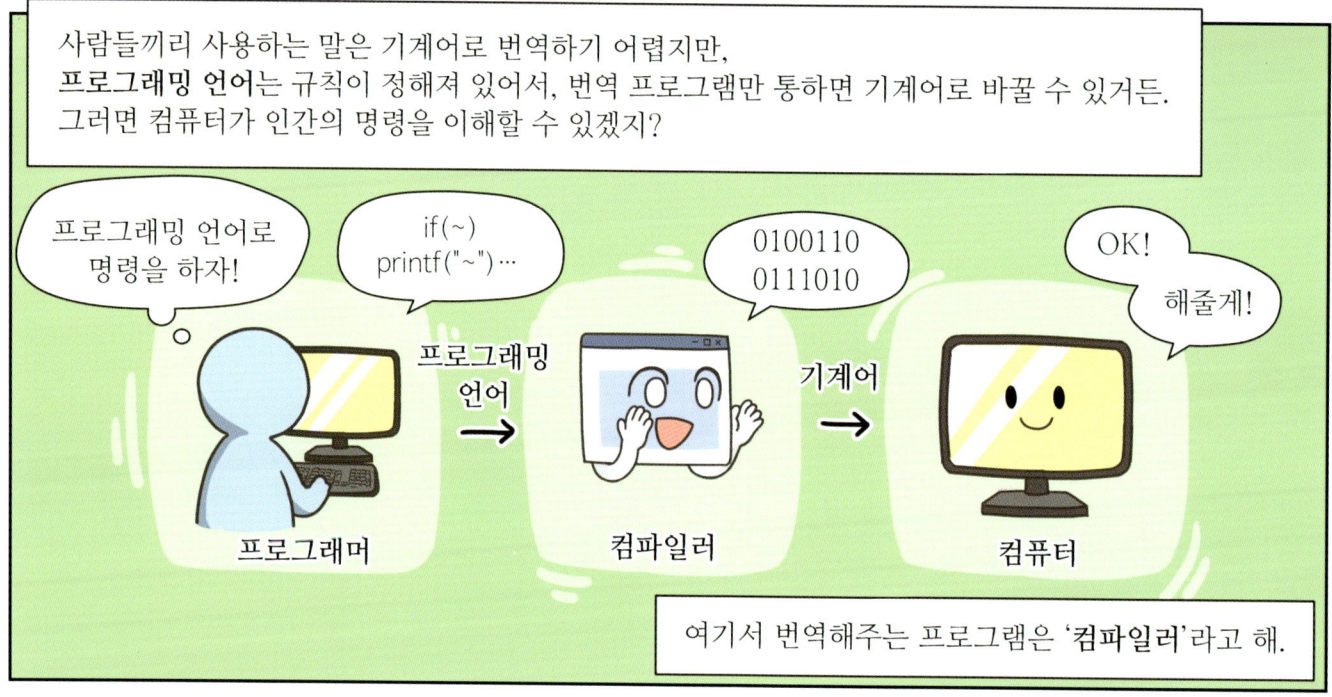
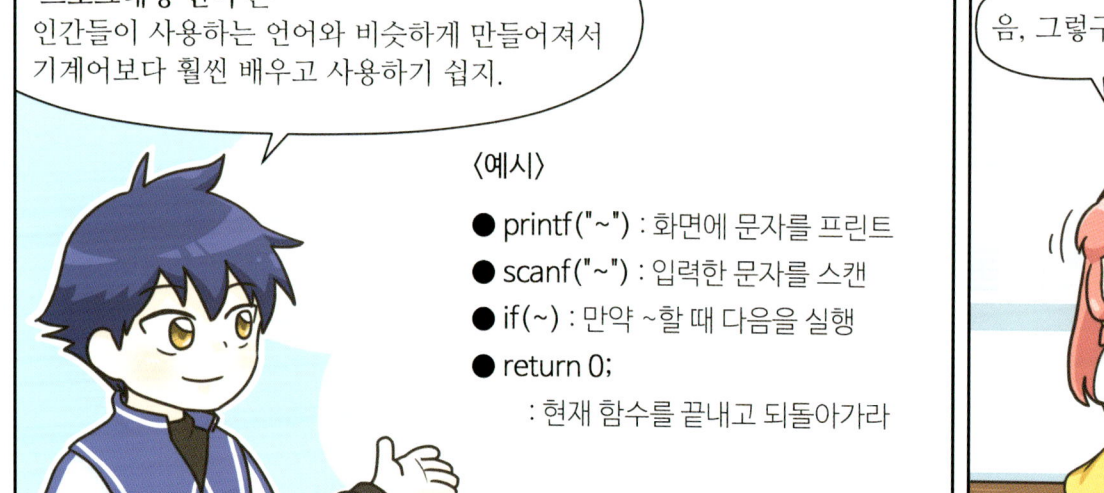

CHAPTER 02.
제어를 찾아라

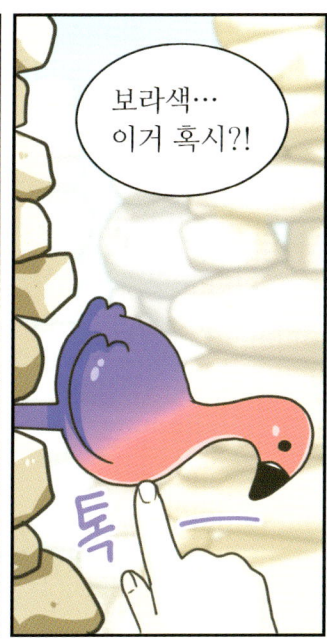

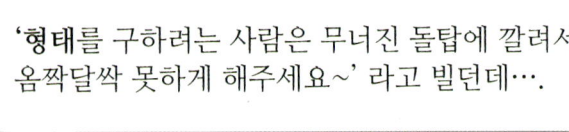

CHAPTER 04. 소리를 찾아라

다 왔다! '소리'가 이 근처에 있어.

와~! 온통 꽃과 풀이네! 여기 너무 멋지다!!

야, 시골 소녀, 너무 촌티내지 마.

야, 우리 마을 시골 아니거든!!!!!!

발끈하는 거 보니까 진짜 맞나 보네ㅋ

꾸아악

아니라고!!!! 부러지고 싶냐?!

제로야! 너 우리 마을 왔었잖아! 거기 시골 아니지, 그치!!

뭐, 그런 곳을 도시라고 하지는 않지.

풉.

이쪽인가...

야아!!

"소리야, 내 얼굴 봐봐. 나 동작이야, 기억나?"

"어서~!" 슬쩍...

소리 구출 완료!

"내가, 내가 잡았어!"
"솔직히 전부 이 몸 덕분이지!"
"뭐래, 혼자선 움직이지도 못하는 게!"
"건방진 인간…."

CHAPTER 05.
데이터, 감지, 연산을 찾아라

제로의 스크래치 코너

아끼가 저와 하나에게 사용했던 **소리 스크립트**예요!
음량을 자유자재로 키우거나 줄일 수 있어요.

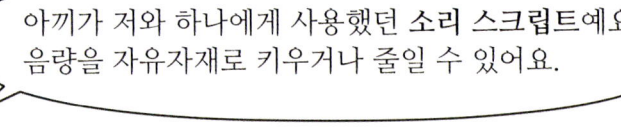

아끼는 **소리**의 힘으로 다양한 악기 연주도 할 수 있답니다.
소리에 관한 모든 것은 아끼에게 맡겨주세요~!

하나의 음악감상 코너

인간을 향한 새들의 감사인사가 드디어 3시간을 돌파했습니다!!

고맙다는 거 잘 알았으니까 이제 그만…

아직 할 말이 2시간 분량은 더 남았다고 하는데요!!

아아아아아 아아아아아…!

CHAPTER 06. 추가 블록을 찾아라

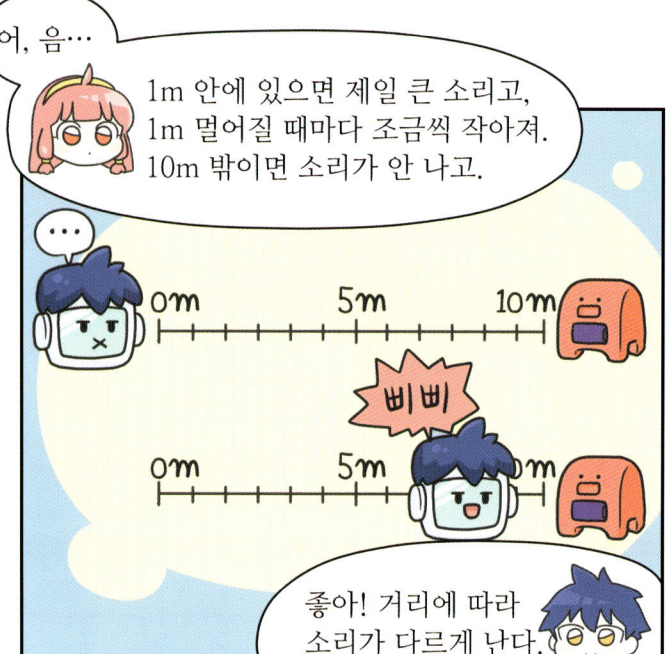

탐지기가 계속 움직이니까 거리도 계속 새롭게 측정해줘야겠죠?
소리도 한 번 나고 멈추는 게 아니라, 1초에 1번 계속해서 나야 하고요!
계속되어야 하는 것이 있다면 **제어의 '반복하기'** 스크립트를 사용해요!

'거리' 데이터는 이런 스크립트를 사용해서 만들 수 있답니다.

```
클릭했을 때
무한 반복하기
    만약 거리 < 10 (이)라면
        음량을 100 % (으)로 정하기
    아니면
        만약 거리 < 20 (이)라면
            음량을 80 % (으)로 정하기
        아니면
            만약 거리 < 30 (이)라면
                음량을 60 % (으)로 정하기
            아니면
                음량을 0 % (으)로 정하기
    1번 타악기를 1 박자로 연주하기
```

```
클릭했을 때
무한 반복하기
    거리 을(를) 블로기 까지 거리 로 정하기
```

이렇게 해서~
탐지기 스크립트 완성!!

와아! 짝짝짝. 너무 쉬운걸~! 으쓱!

열심~
꼬물 꼬물 뿍

'어때, 대단하지!'라는데….
으음….
1분 동안 1m 움직임
1m

그냥 다시 작게 줄여 줘.
너무 느려 !!!!
그러자.
항의하는 것 같지만 기분 탓이겠지?
그러엄.

CHAPTER 07.
펜을 찾아라

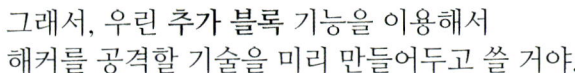

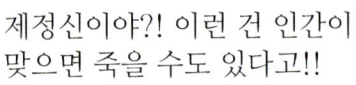

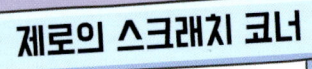

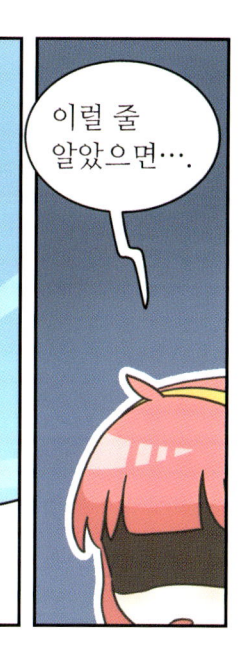

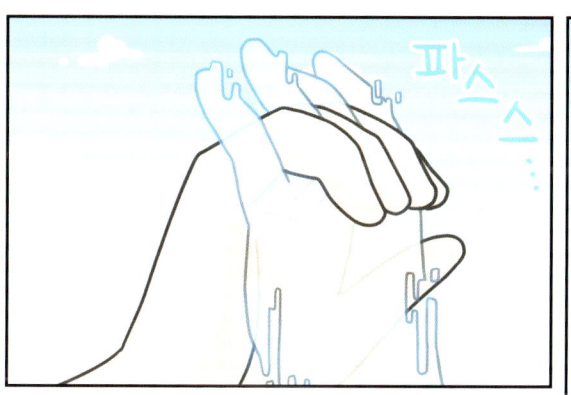

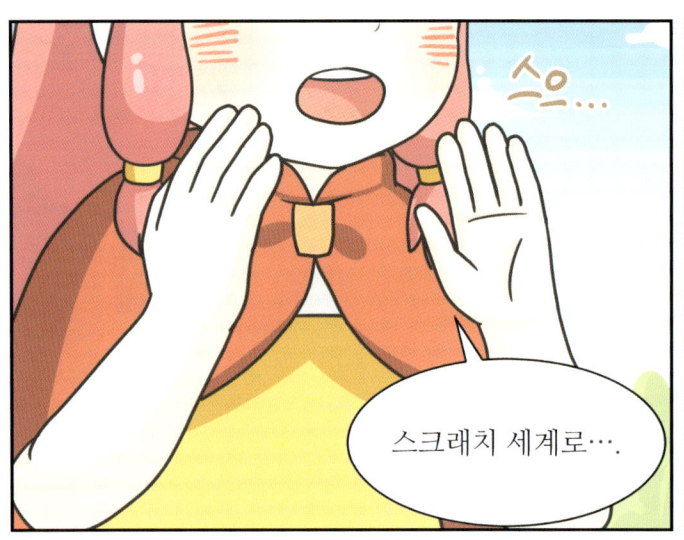

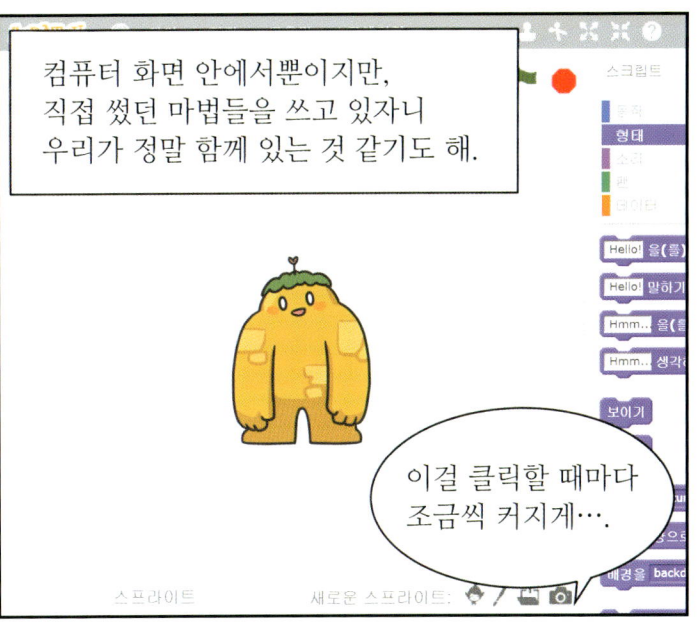

나는 명령을 응용하는 실력이 많이 늘어서,
요새는 너희와의 추억을 하나둘 만들고 있어.

하나야~ 와서 간식 먹어라!

앗!

너희들도 스크래치 안에서 전부 보고 있지?
내가 만든 거 어때? 나 제법 잘 하는 것 같은데.

네~!

너희도 나와의 추억 잊으면 안 돼!
앞으로 더 멋진 것도 많이 만들게.

조작방법 : 방향키

그럼, 안녕!

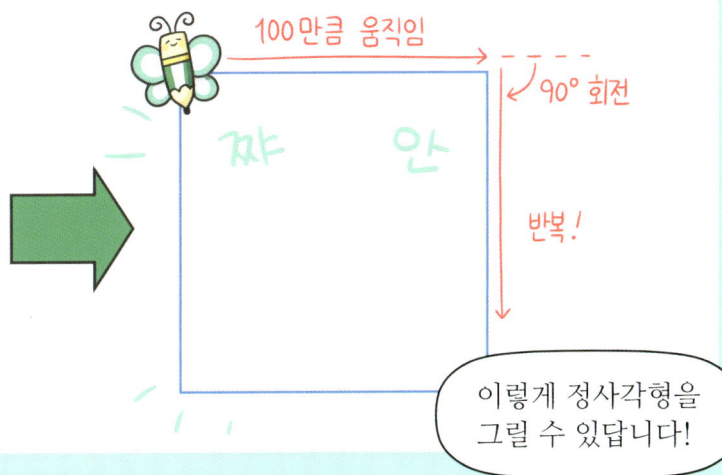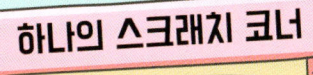

부록 : 예제를 통해 스크래치 세계 알아보기

오른쪽 상단의 '스크래치 가입'을 클릭하여 아이디를 만들어요. 가입하지 않아도 내 프로젝트를 만들 수 있고, 다른 사람들의 프로젝트를 구경할 수 있지만, 자신이 만든 작품을 다시 보고 수정하기 위해서는 가입이 필요해요. 로그인한 후 왼쪽 상단의 '만들기'를 클릭해 나만의 프로젝트를 시작할 수 있어요.

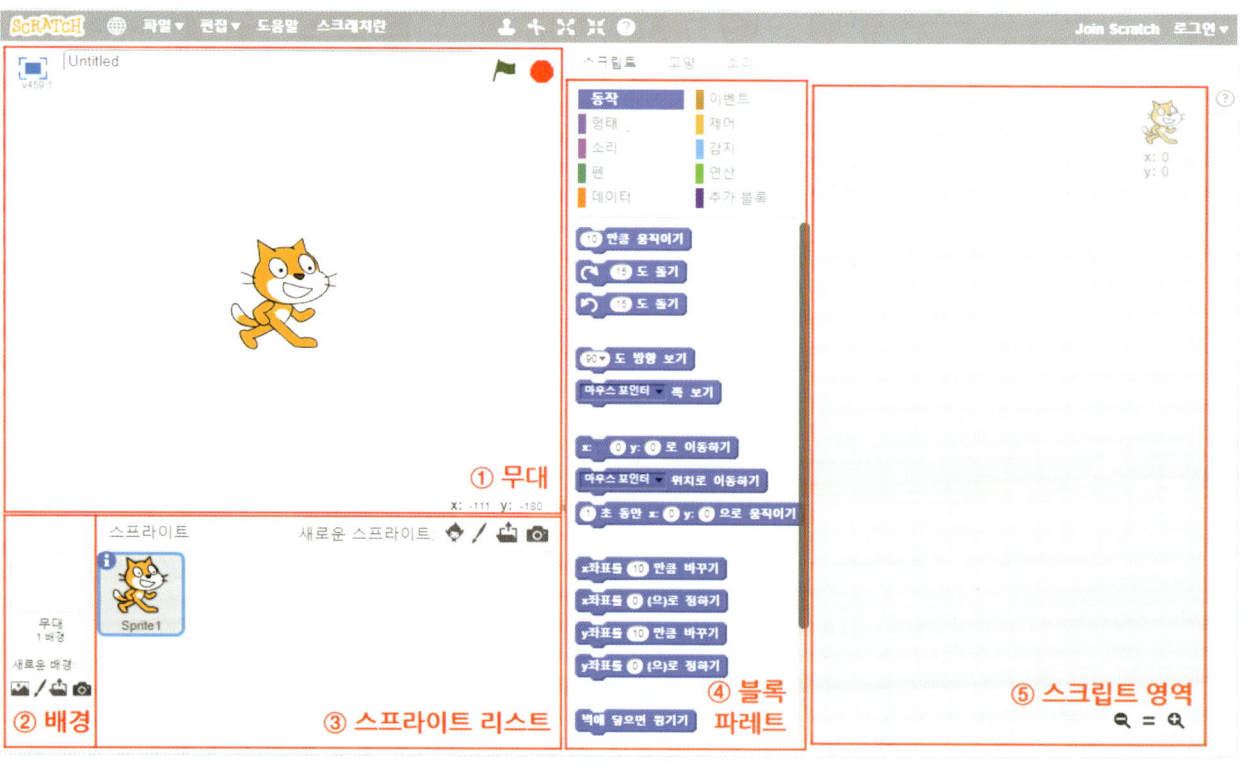

만들기를 클릭하면 위와 같은 화면이 나타날 거예요. 하나하나 알아볼까요?
① 무대 : 여러분이 만든 '프로젝트', 즉 작품이 나타나는 곳이에요. 여러분이 설정한 배경, 스프라이트가 나타나 스크립트에 의해 움직이는 것을 볼 수 있는 곳이 바로 이 무대랍니다.
② 배경 : 무대의 배경을 정할 수 있습니다.
③ 스프라이트리스트 : 스크래치에서는 무대에서 움직일 캐릭터 또는 물체를 '스프라이트'라고 부릅니다. 스프라이트들을 추가, 삭제하고 수정할 수 있는 곳입니다.
④ 블록 파레트 : 배경, 스프라이트를 원하는 대로 움직이려면 명령을 잘 내려주어야 하겠지요? 여러분이 다양한 명령을 내릴 수 있도록 각각의 주제에 맞춰 필요한 명령 블록들이 준비되어 있어요.
⑤ 스크립트 영역 : 블록 파레트에서 명령 블록을 드래그하여 이곳으로 이동시키면 다른 블록들과 연결하여 명령을 내릴 수 있어요. 그렇게 해서 배경 또는 스프라이트가 어떻게 움직일지 설정하는 영역입니다.

무대 오른쪽 위에 모여있는 버튼들을 이용하면 스프라이트의 크기를 바꾸는 등의 수정을 간단하게 할 수 있습니다.
블록 파레트에 있는 명령 블록들에 대해 알고 싶을 때는 가장 오른쪽의 '블록 도움말' 버튼을 클릭한 후 명령 블록을 클릭해보세요. 그 블록에 대한 자세한 설명과 사용법이 나타난답니다.

마지막으로, 프로젝트가 나타나는 무대의 버튼들도 알아볼까요?

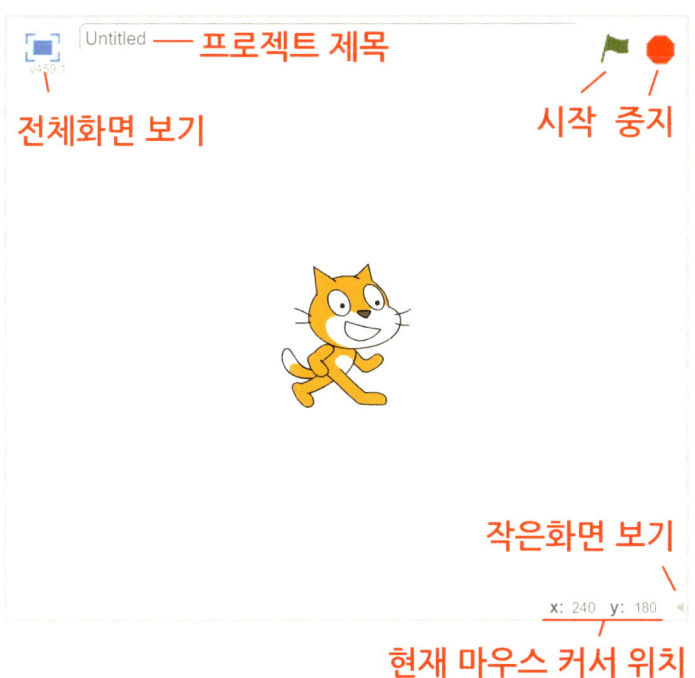

이렇게 보면 복잡해 보일 수 있지만, 직접 프로젝트를 만들어 본다면 생각보다 쉽고 재미있답니다.
백문이 불여일견! 지금부터 이 스크래치를 이용해서 《마법코딩》의 장면들을 직접 만들어볼까요?

예제 1   제로의 힘으로 큰 바위를 움직이는 장면 만들기

제로가 ⬜을(를) ⚫초동안 말하기 로 주문을 외치면,

▼ 방송하기 와 ▼ 을(를) 받았을 때 로

제로의 신호를 바위에 전달하고,

⚫초 동안 x: ⚫ y: ⚫ 으로 움직이기 로 바위가

움직이게 만들면 된답니다.

이미지자료: https://blog.naver.com/ghostree22/221229434283
바로해보기: https://scratch.mit.edu/projects/210111482/

① 프로젝트에 기본으로 있는 고양이 스프라이트는 사용되지 않으므로 고양이 스프라이트 위에 커서를 두고 오른쪽 클릭을 하여 삭제해줍니다.

TIP

스크립트

무대 오른쪽 위의 가위 버튼을 클릭한 뒤 무대의 고양이 캐릭터를 클릭해서 지울 수도 있어요.

스프

② 새로운 배경에서 폴더 모양 버튼을 클릭하여 '돌멩이배경'을 선택합니다.
배경은 첫번째 버튼을 눌러 스크래치에서 기본으로 주어진 배경을 사용할 수도 있고, 두 번째 버튼을 눌러 직접 그릴 수도 있고, 지금과 같이 컴퓨터에 저장되어 있는 파일을 업로드하여 사용할 수도 있어요.

새로운 스프라이트:

③ 새로운 스프라이트에서 폴더 모양 버튼을 클릭하여 '바위'를 선택합니다.

④ 바위 스프라이트를 선택한 뒤, 스크립트 블록 파레트의 '이벤트' 에서 `클릭했을 때` 를 드래그하여 스크립트 영역에 놓습니다.

이 스크립트는 무대 위 🚩 모양의 시작 버튼을 눌렀을 때 아래 연결된 스크립트가 실행된다는 뜻입니다. 그리고 '동작'의

`x: 0 y: 0 로 이동하기` 를 연결하고 x좌표와 y좌표에 0을 입력합니다.

만들어낸 스크립트를 클릭하면 바위의 위치가 설정한 곳으로 이동할 것입니다.

TIP

블록 색을 보면 블록 파레트의 어느 주제에 있는 블록인지 알 수 있어요.

⑤ 3번과 같은 방법으로 '제로' 스프라이트를 추가합니다. 그리고 제로가 왼쪽 그림과 같이 바위 옆 땅에 서도록 마우스로 드래그하여 이동시켜주세요.

⑥ 제로 스프라이트를 선택한 뒤, 4번과 같은 블록을 드래그하여 연결해주세요. 그리고 x좌표와 y좌표에는 스크립트 영역 오른쪽 위에 나타난 스프라이트의 좌표를 입력하면 됩니다.

 '동작' 맨 아래에 있는 x좌표, y좌표 앞의 체크박스를 클릭하여 체크하면 무대에서 스프라이트의 좌표를 확인할 수 있어요.

⑦ 를 누르면 '바위 이동' 이라는 메시지를 방송하여 바위 스프라이트가 움직이도록 할 거예요. '이벤트' 에서 `클릭했을 때`와 `방송하기`를 드래그해서 연결하고, `방송하기`를 오른쪽 클릭하여 rename broadcast(이름 수정하기)를 선택해 이름을 '바위 이동' 으로 정해주세요. (▼를 클릭하면 나오는 '새 메시지…' 를 사용해서 '바위 이동' 을 추가해도 돼요) 방송하기 스크립트는 스프라이트끼리 소통할 수 있게 해줘요. 그리고 블록 파레트의 '형태'에서 `을(를) 초동안 말하기`를 끌어와서 연결하고, 네모난 칸에 '옆으로 움직여라!' 라고 입력해주세요.

⑧ '바위 이동' 방송을 받으면 바위 스프라이트가 움직이게 해볼까요? 바위 스프라이트를 선택한 뒤, '이벤트' 의 을(를) 받았을 때 를 드래그하여 바위 스프라이트가 방송을 하면 새로운 동작을 하도록 합니다. 그리고 '동작' 의 초 동안 x: y: 으로 움직이기 블록을 드래그하고 왼쪽과 같이 적어주세요. 바위의 원래 위치인 x: 0, y: 0 에서 오른쪽으로 270만큼 이동하게 해준답니다.

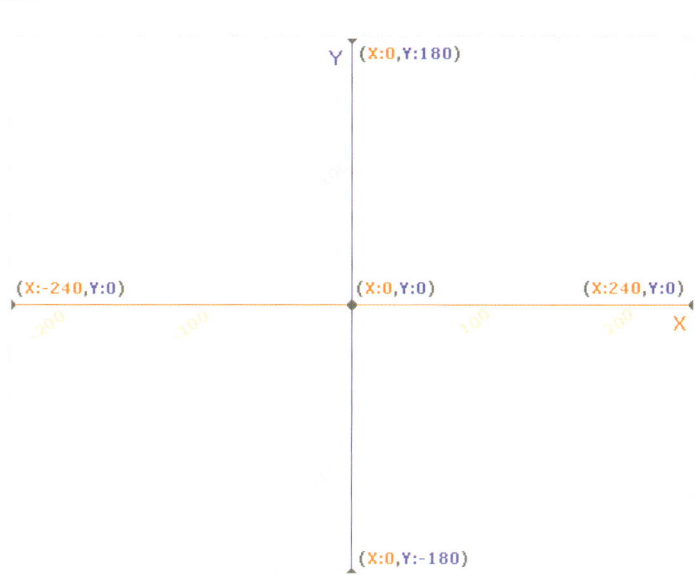

위치를 나타낼 때는 좌표를 이용해요. x좌표는 가로 위치, 즉 얼마나 왼쪽 또는 오른쪽에 있는지를 나타내고, y좌표는 세로 위치, 즉 얼마나 위 또는 아래에 있는지를 나타낸답니다.

무대에서의 좌표는 왼쪽과 같아요. 정가운데가 (x: 0, y: 0)이고, 가운데에서 왼쪽 또는 아래쪽으로 멀어지는 경우 숫자에 '−' 기호가 붙는답니다.

8번에서는 바위를 오른쪽으로 이동, 즉 가로 위치를 변경하는 것이기 때문에 x좌표를 바꾸어 주었어요.

완성이에요! 를 클릭하여 프로젝트를 실행해보세요.

처음으로 프로젝트를 만든 것이기 때문에
기본이 되는 부분부터 차근차근 자세히 설명해드렸답니다.
이다음부터는 반복되는 부분은 간단히 설명할게요.
기억나지 않으면 돌아와서 다시 확인해주세요.

발전 예제

바위의 움직임이 끝나면 제로가 기뻐하는 모습으로 만들어볼까요? '방송하기'와 '모양 바꾸기' 기능을 이용하면 된답니다. '모양 바꾸기' 기능은 다음 예제에서 알려드릴게요!

※ 발전예제 완성본은 아래 주소에서 볼 수 있어요.
　https://scratch.mit.edu/projects/202787135/

예제 2 **해커가 블로기의 수를 늘리는 장면 만들기**

해커가 펜을 쥔 손을 들어 올리며 주문을 외칠 때마다 블로기가 이동하며 늘어나도록 만들어봐요!

`모양을 ▼ (으)로 바꾸기` 로 스프라이트의 모양이 바뀌게 만들 수 있고, `도장찍기` 와 `● 부터 ● 사이의 난수` 를 이용하여 블로기를 복제할 수 있어요.

이미지자료: https://blog.naver.com/ghostree22/221229434283
바로해보기: https://scratch.mit.edu/projects/210112144/

① 새로운 배경에서 폴더 모양 버튼을 클릭해 '블로기배경'을 선택합니다.

② 사용하지 않는 고양이 스프라이트를 삭제하고, 새로운 스프라이트에서 폴더 모양 버튼을 클릭하여 '해커펜-1'을 선택합니다.

③ 이번에는 해커가 펜을 들고있는 팔을 올릴 때마다 블로기가 늘어나도록 만들 거예요. ②번의 스프라이트에서 '해커펜-1'을 선택한 상태에서, 블록 파레트 위의 '모양' 탭으로 가서 폴더 모양 버튼을 클릭해 '해커펜-2'를 추가해주세요.
이렇게 하면 스크립트를 이용하여 펜을 내리고 있는 '해커펜-1'의 모양을 펜을 들어올린 '해커펜-2'의 모양으로 바꿀 수 있게 된답니다.

④ 해커를 무대 적절한 곳에 배치하고, 해당하는 위치의 x좌표와 y좌표를 넣어 왼쪽과 같이 스크립트를 연결해 주세요.
그리고 '형태'의 모양을 ▼ (으)로 바꾸기 블록을 드래그하여 연결하고, 항목은 '해커펜-1'을 선택해주세요.

🚩를 클릭해 프로젝트를 시작할 때 팔을 내리고 있게 하기 위해서랍니다.

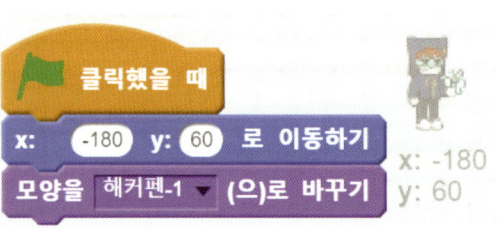

⑤ 🚩를 클릭하면 해커가 펜을 들어올리며 주문을 여러 번 외쳐 블로기를 여러 개로 늘릴 수 있도록 만들어 봅시다.

가장 먼저 '제어'에서 `번 반복하기` 블록을 드래그하여 연결합니다.

이 블록을 사용하면 블록 안에 있는 동작이 여러 번 반복되도록 할 수 있습니다. 횟수는 여러분이 원하는 대로 바꿀 수 있는데요, 여기서는 15번을 입력해 보겠습니다.

그리고 펜을 들어올린 '해커펜-2' 모양으로 바뀌는 동시에 "늘어나라!"라고 말하도록 설정합니다.

`도장 ▼ 방송하고 기다리기`로 다른 스프라이트에 '도장' 신호를 보낸 후, 원래 모습인 펜을 내린 '해커펜-1' 모양으로 돌아오도록 하고 말풍선을 없앱니다. 아무것도 입력하지 않은 `말하기` 블록을 사용하면 그 전에 떠있던 말풍선을 제거할 수 있답니다.

이번에 사용한 `▼ 방송하고 기다리기`는 방송을 받은 다른 스프라이트 등의 동작이 끝날 때까지 기다린 후 다음 동작을 한다는 의미랍니다. 이 경우에는 방송을 받은 블로기가 지시받은 동작을 마칠 때까지 기다렸다가 모양을 '해커펜-1'로 바꾸게 되는 것이지요.

⑥ 이번에는 '블로기' 스프라이트를 추가해주세요. 해커 옆에 적당히 배치하고 '블로기' 스프라이트를 선택했을 때 나타나는 좌표로 초기 위치를 지정해줍니다. 또는 책에서 사용한 좌표를 그대로 적어도 좋아요.

그리고 '펜'의 `지우기` 블록을 연결해주세요. 뒤에서 블로기를 '펜'의 `도장찍기`를 이용하여 개수를 늘릴 건데, 🚩를 누르면 늘어났던 것들이 지워지도록 하는 블록이랍니다.

⑦ 이제 블로기의 개수를 늘려줄 차례입니다. 해커가 "늘어나라!"를 외치며 방송한 '도장'을 받을 때마다 도장찍기로 블로기의 모습을 남긴 후 블로기의 위치를 바꿔줄 거예요. 블로기의 위치를 바꿀 때 정해진 만큼만 이동하도록 x좌표와 y좌표를 정해줄 수도 있겠지만, 여기서는 아무렇게나 놓여있는 것처럼 보이게 하기 위해 '연산'에 있는 '난수'를 사용해 봅시다.

x좌표에는 -100 부터 240 사이의 난수 를,

y좌표에는 -180 부터 180 사이의 난수 를 넣으면 블로기의 위치가 오른쪽 그림에 표시된 부분에서 랜덤으로 나타나게 된답니다.

'난수'는 무작위로 선택된, 예측할 수 없는 수예요. 이것과 비슷하죠. 난수를 활용하면 정해 둔 범위 안에서 아무 숫자나 나오기 때문에 불규칙한 것을 만들 때에 유용해요.

발전 예제

《마법코딩》 만화에서는 하나가 탐지기를 만들어서 진짜블로기를 찾았지요? 그 장면도 재현해 볼 수 있답니다.

완성본: https://scratch.mit.edu/projects/202794319/

예제 3   주인공들이 새를 타고 하늘을 나는 장면 만들기

나무와 구름을 움직여서 제로가 계속해서 앞으로 날아가는 것처럼 만들어 볼까요?

`무한 반복하기` 를 이용하여 나무와 구름이 계속 지나가게 만들고,

`오른쪽 화살표 키를 눌렀는가?` 블록을 이용해 방향키로 제로를 조작할 수 있도록 할 수 있어요.

이미지자료: https://blog.naver.com/ghostree22/221229434283
바로해보기: https://scratch.mit.edu/projects/210112636/

① 하늘을 나는 모습을 만들 것이므로 폴더 모양 버튼을 클릭하여 '하늘 배경'을 불러옵니다.
   이 프로젝트에서는 첫번째 풍경 버튼을 클릭하여 하늘이 있는 풍경 사진을 불러와도 좋고, 두번째 붓 버튼을 클릭하여 페인트로 채우거나 그려서 원하는 색의 하늘을 만들어도 좋아요. 다른 배경들도 잘 어울린답니다.

147

② 고양이 스프라이트를 삭제하고 '비행제로-1' 스프라이트를 추가한 뒤, '비행제로-1' 스프라이트를 선택한 상태에서 모양 탭으로 가서 폴더 모양 버튼을 눌러 '비행제로-2' 이미지도 추가해주세요.

제로를 태우고 있는 오렌지의 날개가 위아래로 움직이며 자연스럽게 나는 모습을 표현할 거랍니다.

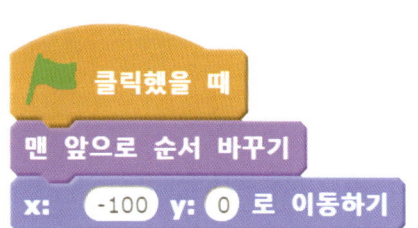

③ 제로를 하늘에 배치하여 위치를 지정하고, 제로가 다른 스프라이트에 가려지지 않도록 '형태'의 맨 앞으로 순서 바꾸기 를 연결하여 스크립트를 만듭니다.

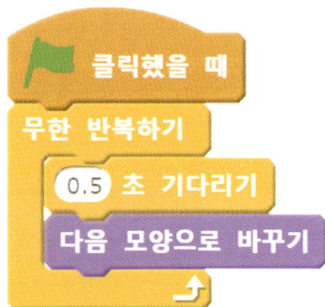

④ 날갯짓하는 것처럼 보이도록 '제로비행-1' 스프라이트에 0.5초마다 다음 모양으로 바꾸어 주는 스크립트를 만듭니다.

무한 반복하기 를 사용하면 모양이 계속 바뀌도록 할 수 있어요.

⑤ 날고 있는 모습을 더 자연스럽게 만들기 위해 위아래로 둥실둥실 떠있는 듯한 효과를 넣어보도록 해볼까요. '제로비행-1' 스프라이트에 왼쪽과 같은 스크립트를 만들어 보세요. 위로 1만큼 10번, 아래로 1만큼 10번 이동하는 동작을 무한히 반복하는 스크립트 입니다.

⑥ 새로운 스프라이트에서 '나무'와 '구름'을 추가하고, 나무는 바닥 부분에, 구름은 하늘 부분에 배치해 봅시다.

⑦ '나무' 스프라이트를 선택한 뒤, 왼쪽과 같이 스크립트를 만들어 줍니다.
이 스크립트는 나무가 오른쪽에서 나타나 왼쪽으로 이동하는 것을 반복하게 해 줘요.
왼쪽의 스크립트는 x좌표 300에서부터 -300까지 이동하게 해준답니다.

⑧ '구름' 스프라이트도 '나무' 스프라이트처럼 오른쪽에서 왼쪽으로 이동하게 만들어봅시다. '나무' 스프라이트를 선택한 뒤 7번에서 만든 스크립트를 오른쪽 클릭하여 복사하고, 마우스에 복사된 채로 스프라이트 리스트의 '구름' 스프라이트를 클릭하면 '구름'에 스프라이트가 복사 됩니다.
복사는 마우스로 오른쪽 클릭한 블록부터 아래 블록들이 복사되고 윗부분은 복사되지 않으니 주의하여 원하는 부분을 잘 선택해 복사해주세요.

⑨ ⑧번에서 복사한 스크립트를 그대로 사용하면 구름은 나무 바로 위에 위치하여 나무와 똑같이 이동할 거예요. 나무와는 조금 다른 위치에서 이동하게 하기 위해 네모 친 부분과 같이 스크립트를 추가해주시면 다른 위치에서 나무와 같은 속도로 움직이는 구름 완성!

이제 🏁 를 클릭하면 제로가 오렌지를 타고 하늘을 나는 모습을 볼 수 있을 거예요.

⑩ 한 가지 기능을 더 추가해 볼까요? 게임을 할 때처럼, 방향키를 누르면 제로가 움직이게 만드는 거예요. 어렵지 않답니다. 블록 파레트의 '감지'에서 `스페이스 키를 눌렀는가?` 블록을 드래그 하고, 키를 '위쪽 화살표'로 변경합니다. 위쪽 화살표를 누르면 위로 올라가게 만들어야겠죠? 위아래는 y좌표로 조절하니, '동작'에서 `y좌표를 ● 만큼 바꾸기` 를 찾아 연결하고 숫자를 설정해주세요. 다른 화살표를 누르는 경우도 같은 방법으로 만들어 위와 같이 연결하면 됩니다.

언제든 인식할 수 있도록 `무한 반복하기` 를 사용했어요.

아래로 내려갈 때나, 왼쪽으로 이동하는 경우 숫자 앞에 '—' 부호를 입력하면 된답니다.

⑪ 프로젝트를 완성했다면 스크립트 영역 위의 공유하기 를 누르고 프로젝트 페이지 보기 를 눌러 위와 같은 프로젝트 페이지를 확인해보세요. 해당 영역에서 제목과 사용 방법 등 원하는 항목을 추가로 적어 다른 사람들에게 공개할 수 있답니다.

발전 예제

'비행하나', '비행돌댕' 이미지를 사용하여 제로 옆에서 함께 날아가도록 하는 프로젝트를 만들어보세요. 위에서 했던 방법과 같은 방법으로 하면 된답니다. '비행제로' 스프라이트에 만들어 뒀던 스크립트를 복사하여 사용한다면 더 금방 만들 수 있을 거에요.

완성본: https://scratch.mit.edu/projects/204970220/

어떤가요? 스크래치로 하는 코딩, 생각보다 쉽고 재미있지 않았나요? 스크래치로 움직이는 《마법코딩》 장면을 더 보고싶다면 아래 링크를 입력해 보세요. 프로젝트에서 **스크립트 보기** 버튼을 눌러 스크립트를 확인해보고, **리믹스** 버튼을 누르면 여러분이 원하는 대로 수정하고 저장할 수 있어요.

▲밍고가 돌댕이의 크기를 줄이는 장면
https://scratch.mit.edu/projects/209349927/

▲ 제로와 하나가 숨고 아끼가 뛰어나오는 장면
https://scratch.mit.edu/projects/209362975/

스크래치 세계의 요정들을 찾아라!!

마법코딩

제1판 1쇄 인쇄 | 2018년 3월 21일
제1판 1쇄 발행 | 2018년 3월 27일

지은이 | 글/그림 메밀 · 기획 워니
펴낸이 | 한경준
펴낸곳 | 한국경제신문 한경BP
편집주간 | 전준석
책임편집 | 유능한
저작권 | 백상아
홍보 | 남영란 · 조아라
마케팅 | 배한일 · 김규형
디자인 | 김홍신
본문디자인 | 디자인현

주소 | 서울특별시 중구 청파로 463
기획출판팀 | 02-3604-553~6
영업마케팅팀 | 02-3604-595, 583 FAX | 02-3604-599
H | http://bp.hankyung.com   E | bp@hankyung.com
T | @hankbp   F | www.facebook.com/hankyungbp
등록 | 제 2-315(1967. 5. 15)

ISBN 9978-89-475-4323-1   (77500)

책값은 뒤표지에 있습니다.
잘못 만들어진 책은 구입처에서 바꿔드립니다.

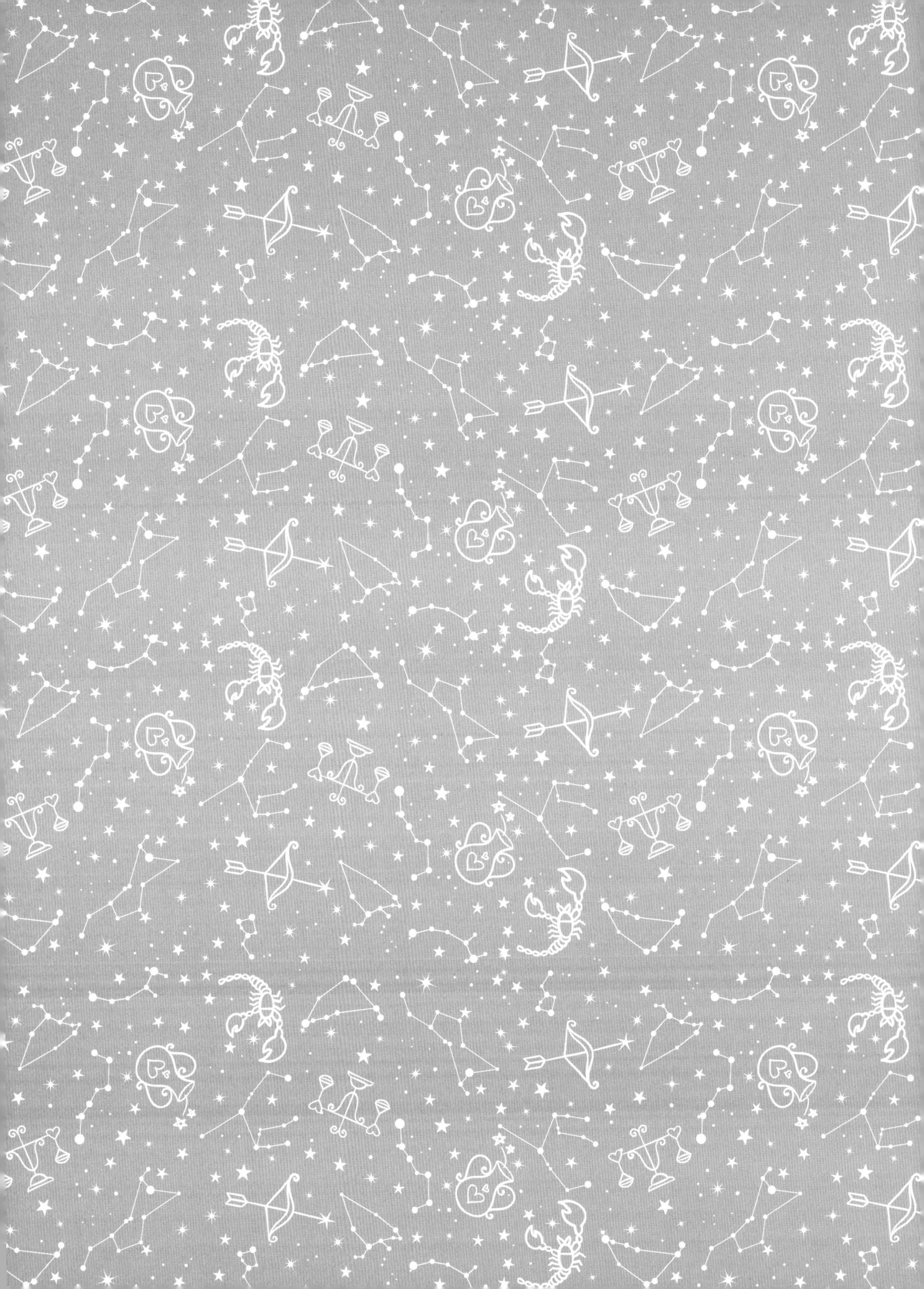